W0248210

Alexander-Technik

Alexander-Technik

Übungen und Anregungen für Ihr Wohlbefinden

JOE SEARBY

evergreen

Alexander-Technik
Joe Searby

EVERGREEN is an Imprint of
TASCHEN GmbH

Hohenzollernring 53, D-50672 Köln
www.taschen.com

Originaltitel: Live Better: Alexander Technique

Lektoratsleitung: Kelly Thompson
Redaktion: Susannah Marriott
Layoutleitung: Daniel Sturges
Bildrecherche: Louise Glasson
Bildbeschaffung: Matthew Ward

Produktion der deutschsprachigen Ausgabe:
Opeker Multimedia, Freiburg
Übersetzung: Angelika Opeker

ISBN: 978-3-8228-2531-0

Printed by Imago in Malaysia

Anmerkung des Verlags
Lassen Sie sich von einem Arzt beraten, bevor Sie den Anweisungen oder den Übungen in diesem Buch folgen, insbesondere, wenn Sie gesundheitliche oder sonstige Probleme haben. Die Ratschläge und Empfehlungen wurden von Autor und Verlag nach bestem Wissen erarbeitet, dennoch kann keine Garantie oder Haftung übernommen werden.

Inhalt

EINLEITUNG

Die Alexander-Technik gehört zu den anregendsten und das Leben am stärksten verändernden Disziplinen, denen ich begegnet bin. Sie inspiriert mich bis heute. Die Technik kann zu Beginn anstrengend sein, langweilig ist sie jedoch nie. Sie ist subtil, aber tiefgründig. Ich möchte Sie mit diesem Buch gerne dazu anregen, die Alexander-Technik für sich zu entdecken.

Ich stieß erstmals 1983 auf die Technik. Ich suchte in meinem Beruf als Schauspieler etwas, das den Auftritt optimieren könnte und über schlichtes Stimm- und Haltungstraining hinausginge. Ich begann mit Einzelunterricht bei einem Alexander-Lehrer und stellte rasch fest, dass die Technik Dinge bewirkte, die über die sichtbare Erscheinung oder physische Gesundheit hinausgingen. Ich besuchte die ersten Kurse glücklicherweise schon mit 20 Jahren, als ich (vermeintlich) noch ohne Schmerzen oder Probleme war. Am meisten überraschten mich die psychischen Veränderungen. Meine Sicht aufs Leben änderte sich, ebenso wie meine Persönlichkeit. Ich hatte wohl die Chance, mein wahres Selbst zu finden. Ich bin seit 1995 selbst Alexander-Lehrer. Für die, die bereit sind, zu lernen und die Prinzipien anzuwenden, stellt meiner Ansicht nach die Technik den einzigen Weg zu Bewusstheit und Änderung dar, der ihnen die Fertigkeit vermittelt, ihre eigene Energie bewusst zu führen.

Dieses Buch stellt die Entdeckungen vor, die F.M. Alexander vor über hundert Jahren über den Zustand des Menschen gemacht hatte. Es zeigt die von ihm zur Behandlung seines Stimmproblems entwickelten Prinzipien. Er verbesserte die Methode 60 Jahre. Seine Praktiken bilden bis heute die Grundlage des Unterrichts.

Kapitel 1

Grundlagen

Die Alexander-Technik ist heutzutage eine genauso einzigartige und radikale Methode wie in den frühen 1890ern in Australien, als Alexander sie erstmals entwickelte. Sie werden überrascht sein, dass ein solches bahnbrechendes Körpertrainingssystem schon über ein Jahrhundert alt ist und die Methoden, die er lehrte, sich bis heute nicht grundlegend geändert haben.

Bei der Arbeit an seinem Stimmproblem, das seine Schauspielerkarriere bedrohte, machte er grundlegende Entdeckungen, die universell zur Gesundheitsförderung angewendet werden können. Kurz gesagt, entdeckte er drei Prinzipien: Geist und Körper sind unteilbar; die Art, wie wir uns organisieren, beeinflusst die Gesundheit; Bewegung wird durch einen zentral koordinierten Mechanismus geregelt.

Keine Sorge: Die Alexander-Technik ist keine Theorie oder schwer begreifbare Philosophie, sondern eine sehr praktische Methode, sich persönlich zu entwickeln und körperlich zu verändern. Dieses Kapitel befasst sich detailliert mit den drei Alexander-Prinzipien und anderen Schlüsselbegriffen – wir schauen uns an, wie er sie entdeckte und wieso ihre Bedeutung mit der zunehmenden Geschwindigkeit des Lebens immer wichtiger für unser Wohlbefinden ist. Wir schauen uns sein Leben an und erklären, was die Technik ist (und, ebenso wichtig, was sie nicht ist).

Was ist Alexander-Technik?

Die F.-Matthias-Alexander-Technik besteht aus einer Reihe leicht zu erlernender Fähigkeiten. Sie wenden diese Fähigkeiten, die „Nutzung" des ganzen Selbst (Geist und Körper) auf jede Aktivität an. Sie werden auf Ihrem Weg durchs Leben neue Fähigkeiten benötigen: Auto fahren, ein Musikinstrument spielen, eine Fremdsprache sprechen, eine Sportart oder den Umgang mit neuen Werkzeugen erlernen. Im Alltag müssen Sie laufen, heben, tragen, sitzen oder einen Computer bedienen. Ihr wichtigstes Werkzeug sind stets Sie selbst und damit müssen Sie als Erstes lernen, wie Sie sich selbst richtig „benutzen". Bis Sie dies erreicht haben, stehen Sie sich vermutlich eher im Weg herum, verschwenden Energie und verursachen unnötige Spannung im Körper, was sich wiederum auf Ihre Fähigkeit zu lernen auswirkt.

Das, was die Alexander-Technik Sie lehrt, sind Methoden des bewussten Denkens und der Aufmerksamkeit: mehr Denken als Tun. Man benötigt keine spezielle Ausstattung und man muss sich nicht vom Alltag zurückziehen, um sie anzuwenden. Man kann sie auf alle möglichen Aktivitäten des täglichen Lebens anwenden, geistig oder physisch. Sie müssen sie nur einsetzen.

Wenn man die Technik auf ihren Kern zurückführt, lehrt sie auf der einfachsten Ebene, wie man sich entspannt und angewöhnte, unnötige Muskelspannung löst und dieser vorbeugt. Eine Steifheit der großen Körpermuskeln erzeugt überflüssige Spannung, Verschleiß und Druck. Sie wirkt sich negativ auf Balance, Ausrichtung und Koordination aus und stört insgesamt körperliche und geistige Gesundheit und Funktion. Die Alexander-Technik lehrt, wie man Bewusstheit anwendet, um Spannungen zu lösen. Gesundheit, Vitalität und Aufmerksamkeit kehren dann von selbst zurück.

Die Alexander-Technik unterscheidet sich grundlegend von anderen Geist-Körper-Disziplinen. Sie lehrt nicht, was man wie zu tun hat. Sie zeigt, was man nicht tun sollte und wie man es vermeidet, ein einfacher Vorgang mit weit reichenden Folgen. Das ist das Schöne daran: Sie können ihre Fähigkeiten sofort einsetzen.

WAS DIE TECHNIK NICHT IST

Es ist wohl einfacher festzulegen, was die Alexander-Technik nicht ist. Zunächst handelt es sich dabei nicht um alternative Therapie oder Naturmedizin. Zweifellos kann sie immens therapeutisch wirken, aber sie ist keine Therapie, denn sie wird nicht „angewendet". Sie sind dabei kein passiver Patient, der behandelt wird, sondern ein aktiver Schüler, der neue Fähigkeiten lernt.

Die Alexander-Technik ist auch kein Gymnastikprogramm, selbst wenn sie diese Aktivitäten, wie alle anderen, positiv beeinflusst. Es ist sogar so, dass Ihre Übungen nicht so gut wirken oder gar negativ wirken, wenn Sie diese Fähigkeiten *nicht* anwenden.

Genauso wenig handelt es sich bei ihr um eine Körperarbeitmethode. Sie beinhaltet zwar Hand-Körper-Kontakt, jedoch ohne die Schüler zu massieren oder zu manipulieren. Und trotz der Entspannung von Geist und Körper handelt es sich nicht um eine Entspannungstherapie. Die Alexander-Technik ist weit reichender; sie ist eine einzigartige persönliche Gesundheitserziehung.

F.M. Alexander: Eine kurze Biografie

Frederick Matthias Alexander wurde 1869 auf der australischen Insel Tasmanien geboren. Seine Liebe zu Pferden und zur Beobachtung von Tieren in der Natur beeinflussten seine Erforschung der menschlichen Natur, genauso wie seine Weigerung, nicht selbst Erfahrenes als wahr anzuerkennen. Mit 18 Jahren zog er zum australischen Festland um, wo er seinen Traumberuf, Schauspieler, ergreifen konnte. Er wurde jedoch auf der Bühne von wiederkehrender Heiserkeit heimgesucht, weshalb er sich auf eine Entdeckungsreise zu sich selbst begab, die in der Alexander-Technik mündete.

Auf der Suche nach Anerkennung für seine Methode zog er 1904 nach London und wurde aufgrund der bemerkenswerten Wirksamkeit seiner Arbeit berühmt. Er schrieb vier Bücher, die sein System definierten. Diese bilden bis heute die Grundlage der Alexander-Lehre. Während der beiden Weltkriege lehrte er in den USA und bis zu seinem Tod 1955 im Alter von 86 in London.

ALEXANDERS ENTDECKUNGEN

Alexander entdeckte die Prinzipien seiner Methode durch persönliche Erfahrung. In seinen Zwanzigern wurde er aufgrund der Qualität und dramatischen Dynamik seiner Stimme als Schauspieler berühmt. Er litt auf der Bühne jedoch unter Heiserkeit und einem hörbaren Einatmen, was einer Schauspielkarriere abträglich war. Die Ärzte fanden keine medizinische Ursache, keine Behandlung schlug an. Alexander nutzte nun seine eigene Fähigkeit zur Problemlösung. Da körperlich mit seinem Stimmapparat alles in Ordnung war, musste ihm zufolge die *Art*, wie er die Stimme einsetzte, das Problem erzeugen. Er begann, das Problem zu bestimmen.

Alexander stellte eine Reihe von Spiegeln zusammen, um sich von allen Seiten beobachten zu können. Auf diese Art probte er, indem er sowohl natürlich sprach als auch Verse rezitierte. Er sah, dass er sich beim Sprechen unnötig anstrengte. Dies wurde noch deutlicher, wenn er rezitierte. Einige dieser Angewohnheiten waren das Erbe der Versuche, den Anweisungen seiner Stimm-

oder Schauspiellehrer zu folgen. Diese Einsicht führte ihn zum Schluss, dass ein Training ohne Einbeziehung der ganzen Person eine Fähigkeit nicht verbessern, sondern sogar Schaden anrichten kann. Alexander stellte insbesondere fest, dass er Nacken- und Rückenmuskeln stark anspannte. Die resultierende Verspannung machte das Sprechen und Rezitieren so schwierig, dass seine Stimme äußerst angespannt war, selbst wenn er Ratschläge befolgte, die die Rezitationen effektiver machen sollten. Diese Gewohnheit der Verspannung war so stark, dass er sich sogar unfähig fühlte, sie zu vermeiden. Selbst wenn er das Gefühl hatte, Verspannung zu vermeiden, erkannte er, dass dies nicht der Fall war.

Während er viele Jahre einige Stunden täglich an sich arbeitete, entdeckte er grundlegende Dinge, die über seine Gesundheit und sein Wohlbefinden hinausgingen. Er sah, dass Geist und Körper unteilbar sind und die Art, wie wir die Körper-Geist-Einheit nutzen, sich auf das Funktionieren auswirkt, und dass die Beziehung zwischen Kopf, Nacken und Rücken neben der Bewegung auch das gesamte Wohlbefinden kontrolliert.

DER GANZE MENSCH
Psychophysische Einheit

Beim Lesen dieser Zeilen nutzen Sie wahrscheinlich Geist und Körper. Die Finger blättern die Seiten um, die Augen sehen die Wörter und das Gehirn verarbeitet die Informationen, sodass Ihr Geist sich ein Urteil bilden kann. Lesen ist ein körperlicher und ein geistiger Prozess – Alexander nannte dies eine „psychophysische" Aktivität. Als er seine Prinzipien in den 1920er Jahren entwickelte, war die Vorstellung einer geistig-körperlichen Einheit radikal. Geist, Körper und Seele galten als getrennte Elemente. Obwohl wir heute anders denken, nehmen wie eine Tätigkeit oft als geistig oder als physisch wahr. Aber auch Tennis und Schach sind beides. In einer wichtigen These stellt Alexander fest, dass jedes menschliche Tun psychophysisch ist – es bezieht den ganzen Organismus ein – die getrennte Betrachtung mindert die geistig-physische Gesundheit. Wenn Sie die Alexander-Methode anwenden, lösen Sie bewusst übermäßige Spannung und kehren zu dieser Einheit zurück.

Einheit in der Vielfalt ist der Plan des Universums.

SWAMI VIVEKANANDA

(1863–1902)

Wer festhält das große Urbild,
zu dem kommt die Welt.
Sie kommt und wird nicht verletzt,
in Ruhe Gleichheit und Seligkeit.

LAOTSE

(ETWA 600–200 v. CHR)

GESUNDHEIT UND WOHLBEFINDEN
Gebrauch und Funktion

Bevor Sie ein kompliziertes Werkzeug erstmals gebrauchen, lesen Sie wahrscheinlich zuerst die Gebrauchsanleitung. Übergehen Sie dies, werden Sie feststellen, dass das Werkzeug nicht erwartungsgemäß funktioniert. Die Art des Gebrauchs beeinflusst das Funktionieren. Der Mensch kommt nicht mit Gebrauchsanweisung auf die Welt; wir vertrauen darauf, dass der Instinkt uns hilft. Ein weiteres Grundprinzip der Alexander-Technik lehrt uns, dass wir, wenn wir unser Selbst nicht gut „gebrauchen", nicht so funktionieren wie wir sollten: der Rücken schmerzt, Atemprobleme können auftreten, Muskeln versteifen oder Gelenke sich abnutzen; wir können depressiv oder wütend werden oder unter tausend anderen Dingen leiden.

Alexander war eine Frühgeburt. Von Geburt an durchlitt er Krankheitsperioden, die ihn zwangen jeweils mehrere Wochen auszuruhen. Im Alter von Mitte Zwanzig, als er begann, seine Stimmprobleme zu erforschen und Denkmodelle ersann, die ihm erlaubten, die Ursachen seines Leidens auszuschließen, erzielte er bemerkenswerte Ergebnisse. Viele der Probleme, die ihn von Geburt an behindert hatten, verschwanden allmählich. Als er andere seine neuen Übungen lehrte, stellte er auch hier auffallende Verbesserungen des Allgemeinbefindens fest, nicht nur der Symptome, aufgrund derer ihn die Menschen aufsuchten. Daraus schloss er, dass die Art, wie wir unser Selbst als Ganzes „gebrauchen", beeinflusst, wie wir als Organismus funktionieren.

Wenn Sie lernen, mithilfe der Alexander-Technik sich selbst gut zu „gebrauchen", werden Sie besser funktionieren und können gesundheitliche Probleme lösen, anders als wenn Sie unbewusst handeln und an alten Gewohnheiten festhalten. Wenn Sie etwa stundenlang zusammengekauert am Computer sitzen, kann das den Rücken schädigen und die inneren Organe großem Druck aussetzen, was ihr Funktionieren beeinträchtigt. Eine gerade Haltung ist auch keine Lösung, da sie zu unnötiger Spannung führt. Sie müssen sich bewusst „gebrauchen", am besten gemäß der Alexander-Technik.

SIE WISSEN ES SCHON
Primärsteuerung

Nehmen Sie sich Zeit, um etwas zu finden, das ungefähr 4,5–5 kg wiegt. Spüren Sie, wie schwer es ist. Dies entspricht etwa dem Gewicht Ihres Kopfes, acht Prozent des Körpergewichts. Dieses Gewicht ruht auf Ihrer Wirbelsäule. Stellen Sie sich vor, Sie ziehen dieses Gewicht nach unten: Es würde sofort Ihre Wirbelsäule stauchen. Zögen Sie es nach hinten, brächte es Sie aus dem Gleichgewicht. Alexander erkannte, dass die meisten Menschen sich genau dies angewöhnt haben: Wir ziehen den Kopf nach hinten, krümmen den Rücken und belasten damit unsere Wirbelsäule unnötig. Er entwickelte einen Weg, dieser gewohnten Muskelanspannung entgegenzuwirken und sich natürlich auszurichten. Ein Kleinkind tut dies von Natur aus, ebenso manche, naturnahe Erwachsene. Er entdeckte, dass es eine empfindliche Beziehung zwischen Kopf, Nacken und Rücken gibt, die die Bewegungen und die Koordination des Körpers steuert. Alexander nannte es die „Primärsteuerung".

PRIMÄRSTEUERUNG ERFAHREN

Diese Übung zeigt, wie die „Primärsteuerungsbeziehung" zwischen Kopf, Nacken und Wirbelsäule arbeitet. Die Wirbelsäule streckt sich durch die Körpermitte, wie ein Wasserstrahl. Dazu muss das Gewicht des Kopfes vom Körper weg nach oben gehoben werden, um eine Belastung der Wirbelsäule zu verhindern. Dies können Sie durch einen „Befehl" an Nacken- und Rückenmuskeln, unnötige Spannungen aufzulösen, erreichen, sodass sie sich strecken und der Rücken sich weitet.

Stellen Sie sich eine Reihe von „Anweisungen" (bewusste Gedanken) für die Muskeln vor. Wiederholen Sie: „Mein Nacken entspannt sich, dadurch kann sich mein Kopf nach vorne und oben heben, meine Wirbelsäule streckt sich, mein Rücken weitet sich." Stellen Sie sich dies nur vor, tun Sie nichts. Ein Alexander-Lehrer würde während dieser „Anweisungen" den Muskeln mit seinen Händen helfen, gewohnheitsmäßige Spannungen zu lösen. Diese direkte Zusammenarbeit optimiert die Technik, es werden schneller Resultate erzielt.

Glück erfährst du, wenn das,
was du denkst, sagst und tust
im Einklang sind.

MAHATMA GANDHI

(1869–1948)

Es ist das Ganze, das zählt, nicht die Teile.

DEUTSCHES SPRICHWORT

Kapitel 2

Hindernisse überwinden

Die Alexander-Methode liefert Lösungen für Probleme, die bei allen Menschen gleich sind – sie manifestieren sich bei jedem unterschiedlich und sie verhindern, dass wir unser gesamtes Potenzial nutzen. F.M. Alexander entwickelte Methoden des Handelns und Denkens, die einen Weg aufzeigen, grundlegende Hindernisse zu überwinden. Das kann uns sehr fordern. Es berührt alle Bereiche, unsere Karriere, unsere Gesundheit und auch unsere Emotionen.

Alexander fiel als Erstes auf, dass er nicht immer das tat, was er meinte zu tun. Er nannte dieses Hindernis „fehlerhafte Sinneswahrnehmung". Dann fand er heraus, dass sein gewohnheitsmäßiges Tun – das, wie er sah, Schaden anrichtete – einen stärkeren Reiz lieferte, als jede andere Herangehensweise. Schließlich bemerkte Alexander, dass er durch den intensiven Wunsch nach Erfolg versuchte, schnell zum Ziel zu kommen, ohne auf die Art zu achten, wie er dort hin kam. Dieses Konzept nannte er „Zielfixiertheit". Wir alle erleben im Alltag ähnliche Hindernisse.

Methoden des bewussten Denkens sollen uns nach Alexander helfen, Probleme zu umgehen oder zu verhindern. Er nannte sie „Anweisungen" und „Innehalten". Sie werden zusammen mit anderen Grundprinzipien der Alexander-Technik hier behandelt, und Sie werden sehen, wie Sie sie anwenden können.

WAS WIR FÜHLEN, IST NICHT DAS, WAS GESCHIEHT
Fehlerhafte Sinneswahrnehmung

Jeder hat Probleme, Selbstverständliches wie richtiges Sitzen oder Stehen, genau zu spüren. Tatsächlich beruht das Grundprinzip der Alexander-Technik darauf, dass das, was wir fühlen, nicht immer das ist, was geschieht. Testen Sie diese Theorie durch eine einfache Bewegung. Stehen Sie jemandem gegenüber oder blicken Sie in den Spiegel, die Füße hüftbreit auseinander. Schließen Sie die Augen. Strecken Sie die Arme seitlich aus, bis es sich anfühlt, als würden sie gerade aus der Schulter ragen, parallel zum Boden. Nehmen Sie sich Zeit. Öffnen Sie nun die Augen. Sind die Arme da, wo Sie sie vermutet haben oder etwas schräg? Ist eine Schulter oder ein Arm höher oder weiter vorn? Richten Sie die Arme aus oder lassen Sie dies Ihr Gegenüber tun, bis sie wirklich gerade und parallel sind. Wie fühlt es sich an? Schräg oder nicht im Gleichgewicht? Falsch? Alexander nannte dieses falsche Fühlen „fehlerhafte Sinneswahrnehmung".

Alexander entdeckte die fehlerhafte Sinneswahrnehmung durch Selbstbeobachtung im Spiegel. Er bemerkte, dass seine Muskeln versteift und verkürzt waren, dies schränkte ihn ein. Er verspannte vor allem seinen Nacken und zog seinen Kopf zwischen die Schultern, was ihm besonders schädigend erschien. Er versuchte nun im Gegenteil daran zu arbeiten, seinen Kopf aufwärts zu strecken. Er war sich sicher, zu fühlen, das dies richtig war. Beim Blick in den Spiegel war zu seinem Erstaunen sein Kopf nach unten gezogen statt nach oben. Als er damit begann, andere zu beobachten und zu unterrichten, erkannte er, dass jeder von Zeit zu Zeit unter einer fehlerhaften Sinneswahrnehmung leidet. Wir fühlen, wie wir eine Bewegung ausführen, während wir eine ganz andere tun.

Das Begreifen des Konzepts erhellt, warum unser Körpergefühl nicht immer stimmt, wie beim Navigieren mit kaputtem Kompass, die Bewegung fühlt sich richtig an, ist aber falsch. Die führenden Hände des Alexander-Lehrers helfen, bewusster durchs Leben zu gehen, ohne Rückgriff auf unzuverlässige Sinneswahrnehmung.

DAS RICHTIGE GESCHEHEN LASSEN
Anweisungen

Möchten Sie einen geschmeidigen Körper, der effizient arbeitet? Um dieses Ziel zu erreichen, müssen Sie übermäßige Muskelspannung abbauen. Sie verursacht Druck und beinträchtigt den natürlichen Bewegungsspielraum, Haltung und Balance. Mit seinem Prinzip der „Anweisungen" zeigt Alexander, wie das zu schaffen ist. Es ist dabei hilfreich zu wissen, wie wichtig der Muskeltonus für die Funktion ist. Wenn Sie etwa einen Gegenstand hochheben wollen, erhält der Bizeps das Signal, sich zusammenzuziehen. Der Muskel reagiert mit erhöhter Anspannung, verkürzt sich und hebt den Unterarm. Gibt man einem Muskel den Befehl zu reagieren, erhöht sich sein Tonus. Jeder direkte Versuch, einen Muskel zu lockern, um die Beweglichkeit zu vergrößern, endet mit Druck und Anspannung, dem Gegenteil des Angestrebten. Wir benötigen deshalb eine indirekte Methode. Diese Methode, die Muskeln zu lösen und den Körper auszurichten, nannte Alexander „Anweisungen".

Die folgende Übung beinhaltet bewusste mentale Anweisungen, die unbewusste Bewegungsabläufe in Gang setzen. Anfangs benötigen wir noch Rückmeldung durch die Hände eines Alexander-Lehrers, da wir sonst, wie Alexander herausfand, nur denken, dass wir uns Lockern oder Weiten, das Gegenteil aber der Fall ist.

Stellen Sie sich vor, Sie sind ein großes Schiff. Ihr Bewusstsein ist der Kapitän; Ihr Unterbewusstsein, Nervensystem und Muskeln sind die Mannschaft. Der Kapitän gibt Befehle, die Mannschaft führt sie aus. Der Kapitän kann nicht überall selbst Hand anlegen; er überlässt dies seiner Mannschaft. Genau so teilen Sie Ihrem Körper Wünsche mit, die dann einfach erfüllt werden. Wenn Sie möchten, dass Ihr Nacken sich entspannt, um die Wirbelsäule zu entlasten, hat es keinen Wert, das gleich in die Tat umzusetzen: Das gibt den Muskeln ein falsches Signal. Stattdessen sollten Sie den Muskeln befehlen, sich weniger anzustrengen, also „nicht zu tun". Damit verlieren die Muskeln jede Art von ungewollter Anstrengung, strecken sich und ermöglichen dem Kopf, sich in der gewünschten Position zu entspannen.

ANWEISUNG ERFAHREN

Machen Sie diese praktische Übung mit jemandem gleicher Größe, um die Methode der „Anweisung" direkt zu spüren. Setzen Sie sich auf einen Stuhl, der die übliche Sitzhöhe hat (kein Sofa). Ihr Partner steht vor Ihnen und umfasst Ihre Handgelenke. Dann zieht er Sie langsam und vorsichtig in den Stand. Dabei dürfen Sie nicht gegenarbeiten. Ihr Partner soll sich den dafür benötigten Kraftaufwand merken. Nun versuchen Sie es noch einmal; nehmen Sie sich jetzt aber einen Moment Zeit und stellen Sie sich vor, Sie wären unglaublich schwer und steif. Tun Sie nichts, denken Sie es nur. War es für Ihren Partner anstrengender? War es unbequemer?

Wiederholen Sie die Aufgabe. Diesmal fühlen Sie sich aber leicht und beweglich. In Ihren Gedanken bewegt sich Ihr Kopf aufwärts und bringt Sie in den Stand, während der Rücken sich streckt und weitet. War es für den Partner wesentlich leichter? Für Sie viel angenehmer? Tauschen Sie nun die Rollen. Wodurch kam der Unterschied zustande? Nur durch Ihre Gedanken.

DIE MACHT DER GEWOHNHEIT

Wie oft haben Sie sich schon hingesetzt, Ihren Mund zum Sprechen geöffnet, einen Schritt getan oder sich gebückt, um etwas aufzuheben? Unzählige Male. Aber wie oft denken Sie daran, wie Sie dabei vorgehen? Wahrscheinlich sehr selten, wie die meisten von uns.

Sie haben diese und andere Bewegungsabläufe schon so oft ausgeführt, dass sich feste Ablaufmuster entwickeln konnten, die bestimmen, wie die Bewegung ausgeführt wird. Sie sind sich dieser Gewohnheiten nicht bewusst, aber Sie sitzen fest. Meist sind sie für einen zu hohen Muskeltonus und Kraftaufwand verantwortlich. Wir alle strengen uns mehr an, als nötig wäre, selbst bei ganz einfachen Bewegungen.

Achten Sie auf Ihre Hände. Halten Sie das Buch entspannt oder klammern Sie sich daran fest? Und Ihre Füße? Sind sie flach auf dem Boden oder steif und verdreht? Verkrampfen sich die Zehen im Schuh? Waren Sie sich dieser Angewohnheiten bewusst, bevor Sie anfingen, auf diese Dinge zu achten? Bedauerlicherweise nicht, das haben Gewohnheiten an sich. Wir wissen nichts von Ihnen. Die schlechten Gewohnheiten stören unsere Wahrnehmung und führen dazu, dass sich Bewegungen richtig, normal und bequem anfühlen, selbst wenn sie uns schaden. Weil der gewöhnliche „Gebrauch" unseres Selbst so stark ist und sich richtig anfühlt, beeinflusst uns das stärker als jeder neue Bewegungsablauf. Unsere Gewohnheiten sind uns vertraut, deshalb ist der Gebrauch unseres Selbst ohne den Rückgriff auf Gewohnheiten ein Schritt ins Unbekannte.

Die Alexander-Technik vermittelt uns praktisches Denken, mit dessen Hilfe wir bekannte Muster durchbrechen und muskuläre Gewohnheiten ändern können. Der Alexander-Lehrer fördert unsere Sinneswahrnehmung mithilfe seiner Hände und hilft uns so, alltägliche Bewegungen ohne Anstrengung zu verrichten. Der Schüler muss bewusste Anweisungen geben, um den Muskel umzuprogrammieren. Wir lernen durch die begleitende Sinneswahrnehmung vertraute, aber schädigende Muster zu vermeiden. Dies gibt uns das Selbstvertrauen, um den Schritt ins Unbekannte zu wagen.

GEWOHNHEITEN ERFAHREN

Durch diese Übung erspüren Sie vielleicht zum ersten Mal Ihre unbewussten Gewohnheiten. Stellen Sie sich vor einen Spiegel, die Arme hängen seitlich herunter. Verschränken Sie die Arme. Schauen Sie, wo Ihre Hände sich befinden; normalerweise ruht eine Hand oben, die gegenüberliegende steckt unter dem anderen Arm. Notieren Sie das gedanklich. Lassen Sie die Arme wieder hängen. Verschränken Sie die Arme nun andersherum (gegenüberliegende Hand oben, die andere untergesteckt). Haben Sie wirklich gewechselt? Wie fühlt es sich an? Unangenehm? Schief? Einfach falsch?

Verschränken Sie die Arme wieder in gewohnter Weise. Spüren Sie wie leicht und vertraut sich das anfühlt, fast wie von selbst. Verschränken Sie die Arme wieder auf die ungewohnte Weise. Jetzt müssen Sie darüber nachdenken, wie die Bewegung auszuführen ist, und die Position fühlt sich falsch an, obwohl die Arme anatomisch gleich sind. Unbewusste Bewegungsabläufe haben starken Einfluss auf all unsere Bewegungen.

WIE EIN KIND VERHALTEN
Reiz und Reaktion

Was macht Ihnen Spaß oder fordert Sie? Manche fürchten sich davor, im offenen Meer zu schwimmen, andere haben viel Spaß dabei. Diejenigen, die eine Schauspielausbildung haben, sind möglicherweise begeistert, auf einer Bühne vor lauter Fremden zu stehen. Für andere wiederum wäre das der reinste Alptraum. Was also für den einen Stress bedeutet, kann für den anderen anregend sein. Demzufolge sind Reiz und Stress an sich neutral. Unsere Reaktion darauf erzeugt die Probleme.

Kleinkinder und Tiere reagieren unbewusst oder instinktiv auf Reize. Sehen sie etwas Interessantes, gehen sie mühelos und anmutig darauf zu. Sie denken nicht darüber nach, wie sie sich bewegen; durch die Reaktion auf den Reiz wird ungehinderte Bewegung ausgelöst. Bei Ihnen gibt es keine Störungen im natürlichen „Gebrauch" des Selbst. Doch wenn wir älter werden, entwickeln wir Verhaltensmuster und Gewohnheiten, auf Reize zu reagieren, die diesen natürlichen Gebrauch stören. Wir antworten wie unsere Eltern oder Geschwister auf einen Reiz oder benehmen uns „cool". Krankheit, emotionaler Stress und schlechte Sitzhaltung, Sport oder andere gewohnte Bewegungen beeinflussen unsere Reaktion. Gewohnheiten wurzeln tief. Es kann passieren, dass wir, wenn wir als Reaktion auf einen Reiz gehen, sprechen oder denken, instinktiv und gewohnheitsmäßig handeln: das führt zu vermehrter Anstrengung und damit zu Problemen. Alexander lehrte, dass unbewusstes Handeln nicht nützlich ist, da es den Grund für die gewohnheitsmäßigen Reaktionen auf Reize darstellt. Er erkannte, dass wir unsere Reaktionen selbst bestimmen können müssen, um gewohnte Reaktionen zu vermeiden und angemessen zu reagieren.

Dieser Luxus der Wahl berührt auch die Gefühlsebene. Wie oft beantworten Sie eine Frage mit „ja", wenn Sie eigentlich „nein" sagen wollten? Die Alexander-Technik lehrt, wie Sie zwischen Reiz und Antwort Raum schaffen. Vielleicht sagen Sie immer noch „ja", aber Sie hatten die Möglichkeit zu wählen. Ihre Reaktionen laufen wieder störungsfrei ab, wie beim Kind.

Der wahre Weise verliert nie
die Schlichtheit eines Kindes.

CHINESISCHES SPRICHWORT

Einfachheit ist der Weisheit letzter Schluss.

LEONARDO DA VINCI

(1452–1519)

KAMPF ODER FLUCHT

Unsere mächtigste und wahrscheinlich auch schädlichste Reaktion ist die angesichts einer Gefahr. Dann zeigen Tiere und Menschen eine Kampf-oder-Flucht-Reaktion: der Körper schüttet Adrenalin (Epinephrin) aus, Herzfrequenz und Atemfrequenz nehmen zu und der Blutdruck steigt mit dem Blutzufluss von der Haut zu den großen Muskeln. Diese Reaktionen sind sinnvoll bei Gefahr – etwa einem gefährlichen Tier oder einem rasenden Auto – weil sie uns auf Kampf oder Flucht vorbereiten. Weniger sinnvoll sind sie jedoch bei gewöhnlichem Stressreiz, wie einem drohenden Abgabetermin, einem Verkehrsstau oder einem ständig klingelnden Telefon. Viele Menschen zeigen unangepasstes Angstverhalten auf alltägliche Stressfaktoren und leben in unbewusstem Angstzustand. Bei etwas zusätzlichem Stress kippt dies in Panik, Aufregung und Wut um. Mit der Anwendung der Alexander-Methode der bewussten Reaktion auf einen Reiz erhält man einen vernünftigen Abstand zum Stressor und eine angepasstere Reaktion.

ANSPANNUNG UND ENTSPANNUNG
Der Mittelweg

Auch wenn viele glauben, dass Muskelanspannung eine schlechte Sache ist, kommen wir ohne sie nicht weit. Das Problem rührt eher daher, das wir die Spannung aufrechterhalten, wenn sie nicht mehr benötigt wird. Die Alexander-Technik lehrt, dass fortwährende starke Anspannung der großen Muskeln den Körper so verdreht, dass die Balance beinträchtigt sowie Wirbelsäule und Gelenke belastet sind. Dies führt wiederum zu stärkerem Verschleiß und behindert Bewegungsabläufe.

Um zu verstehen, wie die Übungen funktionieren, ist es nützlich, etwas über die zwei Hauptmuskelarten und ihre Arbeitsweise zu erfahren. Unter der Haut tragen wir einen „Anzug" aus Muskeln: die Bewegungsmuskeln. Sie sind sehr groß und stark, gut für Aktionen wie Heben, Schieben, Ziehen, Treten und Rennen. Aber sie haben nicht viel Ausdauer und ermüden rasch. Tiefer liegend, insbesondere rund um die Gelenke und entlang der Wirbelsäule, gibt es eine andere Muskelgruppe: die

Stützmuskeln. Sie sind schwächer, haben aber nahezu unbegrenzte Ausdauer und arbeiten fortlaufend ohne zu ermüden. Sie halten den Körper entgegen der Schwerkraft aufrecht. Wir bezeichnen sie als „Anti-Schwerkraft" Muskeln. Die Alexander-Technik lehrt, dass permanente Anspannung der Bewegungsmuskeln die Stützmuskeln stört und von der Arbeit abhält. Arbeiteten die Muskeln nicht mehr, würden wir hinfallen, oder benutzten die Bewegungsmuskeln beim Aufrechthalten. Doch diese Muskeln ermüden schnell. Beim Entspannen sinkt der Muskeltonus, die Stützmuskeln arbeiten nicht richtig, der Körper gibt der Schwerkraft nach.

Ohne der Alexander-Technik zu folgen, pendelt man zwischen zwei ungesunden Zuständen: Zum Aufrechthalten werden die großen Muskeln angespannt; sind sie entspannt, sinkt man ein. Alexander-Lehrer zeigen, wie man ungewollte Spannung der Bewegungsmuskeln löst und stattdessen die „Anti-Schwerkraft" Muskeln einsetzt. Folgt man dem Prinzip der „Anweisungen" (Seite 34–35) löst man Verspannungen dieser Muskeln während man die „Anti-Schwerkraft" Muskeln anregt.

DEN MITTELWEG ERFAHREN

Wenn wir die Unterstützung der „Anti-Schwerkraft-Muskeln" heranziehen, ermöglicht uns das den Mittelweg zwischen Strammstehen und Zusammenfallen. Mit dieser praktischen Übung können Sie den Mittelweg erfahren. Setzen Sie sich aufrecht auf die Kante eines Stuhls, stehen Sie nun auf. Versuchen Sie im Stand zu spüren, wie die Spannung Druck ausübt und Atmung und Bewegung beeinträchtigt. Setzen Sie sich, lösen sie nun jegliche Spannung. Krümmt sich Ihr Rücken? Ist der Brustkorb eingefallen? Ist das Atmen leicht? Sie spüren, dass keine Extremhaltung befriedigend ist.

Wenn möglich, beugen Sie sich vornüber, der Kopf hängt nach unten, Nacken entspannt. Rollen Sie langsam Wirbel für Wirbel wieder nach oben, den Kopf zuletzt aufrollen. Denken Sie, auch wenn sie wieder aufrecht sind weiter, dass Ihr Kopf sich zur Zimmerdecke hin zieht, Ihr Brustkorb öffnet sich. Sie spüren Ihre Sitzknochen auf dem Stuhl. Das ist der Anfang eines Mittelweges mithilfe der „Anti-Schwerkraft-Muskeln".

WENIGER IST MEHR
Innehalten

In der Alexander-Technik versuchen wir, durch Innehalten unnötige Spannung, verursacht durch gewohnheitsbedingte Reakionen auf Reize, zu vermeiden. Es hilft, wenn Sie Ihre eigenen Anspannungen kennen. Machen Sie diese Übung als Vorbereitung. Setzen Sie sich auf einen Stuhl. Beobachten Sie bewusst was geschieht, wenn Sie langsam aufstehen. Versteifen sich die Beine um die Füße in den Boden zu drücken? Vielleicht schwingen die Arme nach vorn und die Schultern heben sich, oder Sie ziehen den Kopf in den Nacken.

Die Spannung, die Sie spüren, ist Ihre gewohnheitsbedingte Art zu reagieren. Jeder hat persönliche gewohnte Bewegungsmuster, auf sämtliche Reize zu reagieren. Aber es ist unnötig, sich zu versteifen. Es schadet dem Körper, der Bewegungsablauf wird schwierig. Diese Reaktionen können durch die Alexander-Technik vermieden werden; wir lernen uns leichter und natürlicher zu bewegen. Diese Methode der Vermeidung nennen wir

„Innehalten". Der Begriff ist nicht negativ – es handelt sich hierbei nicht um unbewusste psychologische Hemmung – vielmehr geht es darum, Ungewolltes zu vermeiden. Für folgende Übung braucht man auch die „Anweisung" (siehe Seite 34–35):

Wir möchten oder müssen etwas tun, wollen uns hinsetzen, aufstehen oder sprechen. Normalerweise reagieren wir hierbei gewohnheitsbedingt und unbewusst. Bewegungsabläufe, im Unterbewusstsein tief verankert, aktivieren die Muskeln, der Tonus erhöht sich ungewollt. Die Alexander-Technik zeigt uns, wie wir diesen Bewegungsabläufen „Einhalt" gebieten. Gleichzeitig wird uns ermöglicht, bewusste Anweisungen zu projizieren, die Spannungen lösen, besonders am Kopf, im Nacken und im Rücken. Natürliche Bewegung wird möglich.

Um „Innehalten" zu können, müssen wir die gewohnheitsbedingten Bewegungsmuster kennen. Wenn wir etwas nicht kennen, können wir es auch nicht ändern. Durch Bewusstheit wird Veränderung möglich. Dadurch wird die Technik ein praktisches Werkzeug, mit dem durch bewusstes Tun weniger getan wird.

Wenn du es schaffst, das Falsche nicht zu tun,
tut sich das Richtige von Selbst.

F.M. ALEXANDER

(1869–1955)

Auf der ersten Stufe der Weisheit erkennt man, was
falsch ist, auf der zweiten, was wahr ist.

LACTANTIUS

(240-320 v. Chr.)

ANPACKEN
Zielfixiertheit

Mit Slogans wie „anpacken" oder „tu's einfach" rüstet uns die Konsumgesellschaft für rasche Aktionen und Reaktionen. Sie zwingt uns, nach vorn zu preschen und Ziele um jeden Preis zu erreichen. Diese universelle Tendenz erkannte Alexander schon vor über hundert Jahren; die Geschwindigkeit des Lebens hat zugenommen und das Problem noch verschärft. Er nannte diese Gewohnheit „Zielfixiertheit". Die Alexander-Technik zeigt, wie man die gedankenlose Begierde nach sofortiger Wunscherfüllung vermeidet, wodurch wir erfahren, dass die Ergebnisqualität mit der Prozessqualität zusammenhängt.

Alexander-Lehrer arbeiten mit Ihnen an alltäglichen gewohnheitsmäßigen Aktivitäten, wie Sitzen, Stehen, Heben, um Ihnen beim Festlegen einer Zielfixiertheit der kleinen Schritte zu helfen. So können Sie die große Zielfixiertheit mit ihren negativen Auswirkungen erkennen und meiden. Die Alexander-Technik verhilft Ihnen zu einem Leben im Jetzt statt in der Zukunft.

DIE REISE, NICHT DAS ZIEL

Aufmerksamkeitsübungen sind ein zentraler Bestandteil vieler praktischer Philosophien. Sie beinhalten die bewusste Wahrnehmung von Denken und Tun im Jetzt, statt in der Vergangenheit zu schwelgen oder von der Zukunft zu träumen. Diese Denkrichtungen erfordern oft den Rückzug aus dem Alltag, um, etwa mittels Meditation, Aufmerksamkeit zu entwickeln.

Alexander entwickelte ein zutiefst praktisches Werkzeug zur Verankerung im Jetzt. Es wird nicht in esoterischen Übungen, sondern im Alltag angewandt. Wenn Sie den „Gebrauch" Ihres Selbst im Alltag bewusster wahrnehmen, werden die kleinsten Dinge zur Aufmerksamkeitsübung. Die Anwendung von „Anweisung" (siehe Seite 34–35) und „Innehalten" (siehe Seite 52–53) helfen Ihnen dabei im Jetzt zu sein und stärken Ihre Aufmerksamkeit, während Sie Ihren Körper von schädlicher Spannung befreien. Sie müssen lediglich die Technik anwenden, um sich auf den Prozess der Aktivität zu konzentrieren statt auf das gewünschte Ziel.

Hab' Geduld mit allen Dingen,
vor allem aber hab' Geduld mit dir selbst.
Verliere nicht den Mut angesichts
deiner eigenen Unvollkommenheit,
versuche dich jedoch stets zu vervollkommnen –
beginne jeden Tag von Neuem damit.

ST. FRANCIS DE SALES

(1567–1622)

Die Reise ist der Lohn.

CHINESISCHES SPRICHWORT

Kapitel 3

Wozu Alexander-Technik?

Das Erlernen und Anwenden der Alexander-Technik kann jeden Aspekt Ihres Lebens verbessern. Das hört sich sehr ehrgeizig an, ist jedoch wahr. Denn Sie lernen, wie Sie bewusst jeden Teil Ihres Selbst steuern können – Geist und Körper – Sie bringen die Teile Ihres Selbst dazu, als ein Ganzes zusammenzuarbeiten. Insofern kann jeder Aspekt Ihrer Persönlichkeit oder Ihre Art zu arbeiten dazu gebracht werden, effektiver zu funktionieren, von der Art wie Sie sich bewegen bis zur Art Ihres Denkens. Die Menschen wenden sich natürlich nicht der Alexander-Technik zu, um Ihr Leben zu ändern. Viele wollen damit konkrete Probleme oder Symptome wie etwa Rückenschmerzen behandeln, obwohl Alexander-Lehrer meist nicht zur Behandlung bestimmter Krankheitsbilder ausgebildet sind. Andere erwarten von einem Lehrer, dass ihre Fähigkeiten in anderen Bereichen, vom Sport bis zur Musik, verbessert werden. Einige versuchen, damit zu entspannen, um Energie zu tanken, oder nutzen sie zur Gesundheitsprävention. Es gibt so viele Gründe wie Menschen. Dieses Kapitel behandelt die üblichsten und zeigt, wie diese Technik helfen kann.

SCHMERZEN MINDERN UND VERMEIDEN

Alexander-Lehrer berichten oft, dass bei den meisten Schülern Schmerzen die ausschlaggebende Motivation zum Erlernen der Technik seien. Schmerzen können stark motivieren; tatsächlich sind sich viele Menschen ihrer Probleme erst bewusst, wenn es weh tut. Häufig macht der Körper durch Schmerz auf sich aufmerksam – hinter dem Symptom steckt oft ein größeres Problem. Viele ignorieren den Schmerz zunächst, oder ruhen sich kurz aus, um dann erneut die schmerzhafte Bewegung zu machen. Die Alexander-Technik geht anders vor.

Sie hat gute Referenzen in der Behandlung von Schmerzen, die durch ständigen zu hohen Muskeltonus, besonders in Nacken und Rücken, verursacht werden. Dazu gehören etwa Gelenkschmerzen und Wirbelsäulenerkrankungen, aber auch Schmerzen im unteren Rücken. Wenn der Schmerz durch unnötige Wirbelsäulenkrümmung und Druck auf den Lendenwirbel verursacht wird, beruht dies vielleicht auf einer anhaltenden Überanspannung der großen Muskeln. Ruhe kann die

Schmerzen zeitweise lindern, die diese verursachende schlechte Haltung bleibt jedoch. Alexander-Übungen helfen, Spannungen zu lösen und erlauben eine natürliche Körperhaltung. Wenn wir unsere natürliche Haltung zurückgewinnen, werden wir nicht nur vom Schmerz befreit, die Ursache verschwindet. Dass Alexander die Ursache und nicht die Symptome im Blick hatte, unterscheidet seine Arbeit von anderen Therapieformen, die eher die Symptome behandeln.

Suchen Sie bei chronischen Schmerzen einen Arzt auf, bevor Sie zum Alexander-Lehrer gehen. Die Schmerzen werden sicher nicht über Nacht weg sein, Schmerz erzeugende Gewohnheiten verschwinden aber mit der Technik schneller als sie entstanden sind. Eine der ersten Übungen lehrt das Lösen von Muskelspannungen und das Ausrichten von Kopf, Nacken und Rücken. Es befreit von vielen schmerzhaften Symptomen.

Vorbeugung ist besser als Heilung. Wenn Sie die Technik und den guten Gebrauch des Selbst in jungen Jahren lernen, lassen sich Schmerzen mühelos vermeiden, auch wenn viele sie als unvermeidlich betrachten.

GLEICHGEWICHT UND HALTUNG

Neue Schüler hoffen meist, mithilfe der Alexander-Technik ihre Haltung zu verbessern. Was ist „gute" Haltung? Herkömmliche Übungen vermitteln uns, wie man gerade steht, die Schultern zurück- und den Bauch einzieht. Das Konzept von einer „korrekten" Haltung scheint universal zu sein. Alexander-Lehrer zeigen allerdings, wie diese starre Haltung übertriebene Muskelanstrengungen erfordert, die den Körper unnötig unter Druck setzen.

Um die innewohnende Spannung zu erfahren, nehmen Sie am besten die üblicherweise als gut empfundene Haltung ein. Stehen Sie in aufrechter „Hab-Acht-Stellung". Oder stellen Sie sich vor, Sie seien eine Debütantin mit Büchern auf dem Kopf, die nicht herunterfallen sollen. Gehen Sie so. Sind diese „guten" Haltungen hilfreich oder hinderlich? Achten Sie darauf, ob Sie vor dem Bewegen die Spannung größtenteils lösen müssen. Was passiert mit der Atmung? Der Körper ist für Bewegung geschaffen; feste Position und Bewegung widersprechen sich. Beobachten Sie ein Kind oder Tier, um das angewendete Konzept zu sehen. Sie halten sich nicht starr. Sie nehmen eine natürliche Haltung ein. Haltung bedeutet, Freiheit, Gleichgewicht und Koordination zu finden und auf Bewegung vorbereitet zu sein. Es bedeutet nicht, sich gerade zu halten. Praktische Übungen zeigen, wie wir zu einer natürlichen, aufrechten Haltung zurückfinden. Wir erlangen mehr Gleichgewicht, Koordination und Beweglichkeit. Die Alexander-Methode lehrt Sie, bewusst Spannungen zu lösen, die den Gebrauch des Selbst stören. Die bessere Haltung wird jedem auffallen. Tatsächlich gewinnen Sie die freie Haltung Ihrer Kindheit, bevor Bewegungsgewohnheiten dazwischen kamen, bzw. Sie gewinnen sie zurück.

Intuitiv verstehen wir, dass der geistige Zustand sich durch Körperhaltung ausdrückt und die Haltung den Geist beeinflusst. Denken Sie an Redewendungen wie „sich bedrückt fühlen" oder „das Gewicht der Welt auf den Schultern tragen". Wenn wir lernen, Spannung zu lösen und eine natürliche Haltung einzunehmen, sind wir auch auf emotionaler Ebene ausgeglichener.

GLEICHGEWICHT ERFAHREN

Die folgende Übung veranschaulicht, wie mit dem Schüler gearbeitet wird, damit die natürliche Haltung wieder eingenommen werden kann. Mit einem Lehrer erhalten Sie zusätzliche nonverbale Information durch Auflegen der Hand. Stehen Sie hüftbreit, Arme locker an der Seite. Spüren Sie den Boden unter den Füßen. Stellen Sie sich den Boden nicht als etwas vor, das Sie daran hindert, zum Erdmittelpunkt zu fallen, sondern als eine aktive Kraft, die Sie trägt. Richten Sie Ihre Aufmerksamkeit auf Ihren Scheitel, geben Sie ihm gedanklich Erlaubnis, sich sanft von den Fußsohlen emporzuheben. Strecken Sie sich bewusst, schaffen Sie Platz zwischen den Gelenken: Knöchel, Knie, Hüfte und obere Wirbelsäule.

Sobald Sie die natürliche Bewegungsfreiheit erlangt haben, können Sie sie in Bewegung umsetzen. Suchen Sie ein Ziel, gehen Sie darauf zu. Strecken Sie sich aus der Körpermitte. Sie sollten sich leichter fühlen, eine Folge des bewussten Denkens. Die Hände eines Lehrers unterstützen und beschleunigen diese Lockerung.

Lasst uns heute im Gleichgewicht,
weise und bei uns sein.

RALPH WALDO EMERSON

(1803–1892)

Anmut wurde als äußerer Ausdruck
der inneren Harmonie der Seele definiert.

WILLIAM HAZLITT

(1778–1830)

Spannung lösen

Viele suchen durch Entspannungstechniken Erholung von mentalem und physischem Stress. Obwohl Meditation und Massage Ängste und Spannungen lösen, können sie nicht die alten Gewohnheiten der Muskeln ändern. Die Fähigkeit, den Muskeltonus zu verringern, steht im Zentrum der Alexander-Technik. Durch die Arbeit mit dem Lehrer erfahren Sie überdies, dass es keinen Unterschied zwischen mentalem Stress und körperlicher Anspannung gibt. Da diese Unterscheidung nicht existiert, führt das Lösen muskulärer Anspannung zur Reduzierung geistigen und auch seelischen Leids.

Mit der Anwendung der Alexander-Methode zur Aufhebung muskulärer Gewohnheiten und deren Auswirkungen kommt es zu einem wunderbaren Zusammenspiel. Ein ruhiger Geist macht Sie weniger anfällig, sich bei Stress zu verspannen. Ihre gewohnten geistigen Reaktionen werden frei von Spannung und Angst. Und die Übungen lassen sich sogar im Alltag anwenden, Sie benötigen keinen Meditationskurs dafür.

DEN RÜCKEN STÄRKEN

Rückenprobleme sind ein häufiger Anlass, sich an einen Alexander-Lehrer zu wenden. Hier wird nicht das Symptom betrachtet, sondern der Mensch als Ganzes – die Lehrer sind am „Zusammenspiel" der Elemente interessiert. Menschen, die an Rückenschmerzen leiden, sind möglicherweise froh, zu erfahren, dass der Schlüssel für dieses Zusammenspiel ein starker Rücken ist.

Ein starker Rücken beruht nicht auf gespannten, überentwickelten Muskeln und auch nicht auf einer wunderbar biegsamen Wirbelsäule. Ihre Wirbelsäule sollte weder steif und starr, noch schlapp und biegsam sein, sondern ein fester, kraftvoller Strahl. Die Technik zeigt, wie man eine gleichmäßig gespannte, elastische, die Wirbelsäule unterstützende Muskulatur erlangt. Durch Bewusstheit ermöglichen Sie den Rückenmuskeln, Spannung zu lösen, sich zu öffnen, den Tonus auszubalancieren und den Strahl durch die Körpermitte zu verlängern. So erhalten Sie Kraft, Gleichgewicht und Ausdauer und Sie werden von Rückenschmerz befreit.

TRAININGSERGEBNISSE OPTIMIEREN

Körperliches Training wirkt sich auf viele Bereiche positiv aus: zu den Fitnessvorteilen durch einen besseren Kreislauf und eine bessere Atmung kommen psychologische Vorteile wie, sich angenehm zu betätigen und sich dabei gut zu fühlen. Das Training ist am wirksamsten, wenn Sie Ihren Geist ebenso betätigen wie Ihren Körper. Dann werden Sie schneller bessere Ergebnisse erzielen und weniger verletzungsanfällig sein. Die Alexander-Lehrer arbeiten mit Ihnen daran, Ihren Geist einzusetzen, um Anspannnungsgewohnheiten aufzulösen. Dadurch wird Ihr Selbst in die Lage versetzt, sich während des Trainings so frei wie möglich zu bewegen.

Die Alexander-Technik ist insbesondere für Menschen mit sitzender Lebensweise sinnvoll, die ihr Training außerhalb des restlichen Alltags und der Arbeit durchführen und zum Ausgleich ins Gymnastikstudio und in Fitnesskurse gehen. Stellen Sie sich vor, Sie hätten die Angewohnheit, den Nacken zu verspannnen und das Gewicht Ihres Kopfs nach hinten, die Wirbelsäule hinabzuziehen. Diese Angewohnheit verschwindet leider nicht, wenn Sie trainieren. Tatsächlich werden diese Angewohnheiten meist desto ausgeprägter, je anstrengender eine Tätigkeit ist. Stellen Sie sich nun vor, wie Sie ein Gymnastikstudio besuchen, um fit zu werden, weil Sie abnehmen oder etwas gegen Rückenschmerzen tun wollen. Sie nutzen den Maschinenpark, besuchen Kurse und heben Gewichte. Ihre unbewusste Gewohnheit sich zu verspannen, wirkt sich jedoch auf kleinste Bewegungen aus. Tatsächlich wird Ihr Zustand schlechter. Bei jeder Gewichthebemaschine und jedem Kurs strengen und spannen Sie sich mehr an. Ihre Muskeln werden dabei beeindruckend zunehmen, aber diese Übungen werden Ihnen wahrscheinlich nicht gut tun.

Dies gilt für jeden Sport, ob Golf, Tennis, Fußball oder Rad fahren. Überall können gewohnte falsche Bewegungsmuster Fähigkeiten und Ausführung behindern oder schädlich wirken. Denken Sie jedoch daran, dass der Fehler nicht beim Training liegt. Sie müssen nur darauf achten, nicht Ihre schlechten Gewohnheiten zu trainieren. Wenden Sie die Technik an.

DEN SPORTLER FÖRDERN

Viele Hochleistungssportler gebrauchen ihre Ausrüstung – ihr Selbst – gut. Oft geschieht das instinktiv oder unbewusst; und es funktioniert. Andere Athleten hingegen gebrauchen sich schlecht, sind aber durch Willenskraft und Entschlossenheit trotzdem erfolgreich (die Folgen sind Verletzungen). Gleichwohl können beide Typen von der Alexander-Technik profitieren.

Wenn begabte Sportler plötzlich einen Rückschlag erleiden und ihre Technik sich verschlechtert, kann es für sie schwierig sein, wieder in Form zu kommen, da sie sich ihrer angeborenen Fertigkeiten nicht bewusst sind. Durch das bewusste Anwenden der Alexander-Technik können wir aber immer wieder darauf zurückgreifen oder noch wichtiger, wir erlangen die Technik wieder, sollten wir sie verloren haben.

Sportler, die durch Wille und (unnötigen) Kraftaufwand erfolgreich sind, sagen, dass die Technik es ihnen erleichtert, gleiche oder bessere Ergebnisse zu erzielen; gleichzeitig hilft sie Verletzungen vorzubeugen.

DEN AUFTRITT VERBESSERN

Die Alexander-Technik ist aus der Not eines Mannes entstanden, ein Mittel gegen die Auftrittsprobleme zu finden, die seine Schauspielkarriere bedrohten. Von Beginn an ist diese Technik dementsprechend eng mit der Bühnenkunst verbunden. Sie wird heute weltweit in Musikhochschulen ebenso gelehrt wie in Schauspielschulen. Jeder darstellende Künstler profitiert von ihr.

Schauspiel

Sie können die Technik als Schauspieler anwenden, um Ihr Sprechen zu verbessern, so wie es auch ihr Erfinder tat. Schauspiel ist jedoch mehr als gutes Sprechen. Viel von der Wirkung eines Schauspielers auf sein Publikum, sei es auf der Bühne oder vor der Kamera, rührt aus der „Präsenz". Diese etwas schwer greifbare Qualität kann als Fähigkeit beschrieben werden, ganz selbstbewusst und „im Moment" zu ruhen, etwas, von dem alle darstellenden Künstler profitieren. Die Technik der bewussten Steuerung der Energie verbessert die Bühnenpräsenz.

Tanz

Im Tanz wird die ganze Person zum Instrument des Ausdrucks. Bei der Anwendung der Alexander-Technik auf dieses Instrument, wird nicht nur das Verletzungsrisiko gemindert, der Körper wird auch von unerwünschter Spannung befreit. Das erlaubt eine direktere Umsetzung von bewusster Absicht in die körperliche Ausführung.

Geschäftspräsentation

Eine Geschäftspräsentation vor Kollegen oder Kunden kann für manche so nervzerrüttend sein wie ein Bühnenauftritt. Damit zurechtzukommen, ist ohne Bühnenerfahrung mit großem Stress verbunden. Daraus können Verspannungen, angehaltener Atem, trockener Hals und Nervosität resultieren. Es wirkt sich auch negativ auf die Haltung aus. Selbstvertrauen geht mit einer guten Haltung einher; positive Körpersprache spielt in der Kommunikation eine große Rolle. Die Alexander-Technik zeigt Ihnen, wie Sie bewusstes, positives Denken einsetzen können, um Ihre geistige und körperliche Haltung zu verbessern und damit Ihre Auftritte zu optimieren.

Eine Rede halten

Sie haben wahrscheinlich auch schon Rednern zugehört, die vor sich hinmurmelten oder vor lauter Panik rasant durch den Vortrag hetzten. Ein Alexander-Lehrer zeigt Ihnen einfache Wege, herunterzuschalten, deutlicher zu sprechen und das Beste aus Ihrem Auftritt zu machen.

Konzert

Eines der größten Hindernisse auf dem Weg zum Erfolg ist unnötige Anstrengung. Gerade für Instrumentalisten kann dies schädlich sein. Die Verspannungen und Schmerzen können die Karriere bedrohen. Die Alexander-Technik hilft, besser mit den großen geistigen und physischen Anforderungen umzugehen, mindert das Verletzungsrisiko und verbessert das Spiel.

Gesang

Die Stimmqualität ist für Sänger von größter Bedeutung. Die Stimme ist ihr Instrument. Die Alexander-Technik löst Blockaden und verhilft dem Sänger damit zu seinem vollen Atemvolumen und stimmlicher Freiheit.

DEN ATEM BEFREIEN

Flache Atmung ist für Sie wohl kein Grund, einen Alexander-Lehrer aufzusuchen, tatsächlich wird der Atemvorgang jedoch als Erstes beeinträchtigt, wenn wir uns anspannen. Die gesundheitlichen Folgen führen Sie zum Alexander-Lehrer. Die Alexander-Methode hilft, die Atemfunktion in den Bereichen wieder herzustellen, die durch die Spannung beeinflusst waren, Sie können wieder tiefer und befreiter ein- und ausatmen.

Um zu spüren, wie Spannung die natürliche Atemfunktion beeinträchtigt, machen Sie Folgendes. Denken Sie ganz fest: „atme". Beobachten Sie nun Ihren Atem. Verlangsamt er sich, stoppt er gar? Ist die Atmung eingeschränkter? Wenn ja, zeigt dies, dass permanente Kraftanstrengung Spannung erzeugt und die freie Atmung hemmt. Die Technik lehrt uns, wie wir unnötigen Kraftaufwand umgehen, sodass die Atmung nicht mehr gestört wird. So brauchen wir nicht mehr an das Atmen zu denken, die unbewussten Mechanismen funktionieren wieder und organisieren den Atemvorgang für uns.

Das Geheimnis liegt nicht darin,
in der Luft zu fliegen oder auf dem Wasser zu gehen,
sondern darin, auf der Erde zu gehen.

CHINESISCHES SPRICHWORT

Menschen fahren in die Ferne, um die Höhe der Berge zu bestaunen, die gewaltigen Wellen des Meeres, die langen Ströme der Flüsse, den weiten Raum des Meeres und die kreisförmige Bewegung der Sterne, und sie gehen aneinander vorbei, ohne zu staunen.

AUGUSTINUS

(354–430)

ENERGIE SCHÖPFEN

Bei den täglichen Anforderungen einer modernen Welt wünschen wir uns oft zusätzliche Energie, um sie zu bewältigen. Alexander-Übungen helfen, die Energie zurückzugewinnen, die wir durch unnötige Muskelanspannung verbrauchen. Besonders die Übungen „Anweisungen" (Seite 34–35) und „Innehalten" (Seite 52–53) zeigen uns, wie wir uns lockern und den gewöhnlichen Kraftaufwand vermeiden. So wird Energie freigesetzt, die wir nun besser einsetzen können. Verspannungen ermüden zusätzlich; durch die Technik wird Schmerz reduziert und wir schöpfen neue Energie.

Die Anweisungen ermöglichen Ihnen, Energie gezielt so zu lenken, wo und wie es sinnvoll ist. Beim Yoga oder Tai-Chi nennt man dies *prana* oder *chi*. Die durch die Übungen freigesetzte Energie verhindert, dass sich Blockaden aufbauen oder ausbreiten.

Unsere „vitale Kapazität" hängt von Verdauung, Kreislauf und Atmung ab. Der gute Gebrauch des Selbst unterstützt diese Funktionen und so das Immunsystem.

Alles liegt nun klar vor mir: Ich sehe die ganze Landschaft vor mir. Ich sehe meine Hände, meine Füße, meine Zehen, und ich rieche den fruchtbaren Schlamm des Flusses. Ich fühle große Fremdheit und Staunen angesichts der Tatsache, dass ich lebe.

BUDDHA

(um 5. Jahrhundert v. Chr.)

Kapitel 4

Zu einem Lehrer gehen

Die Alexander-Technik beinhaltet umfassende sensorische Erfahrung. Wie es sich anfühlt, ein neues Selbst zu erfahren, das sich zeigt, wenn Sie mit alten Bewegungs- und Denkmustern Schluss machen und statt dessen „natürlichen" Arten des Seins folgen, lässt sich mit Worten kaum vermitteln. Stellen Sie sich vor, Sie versuchten jemandem eine sensorische Erfahrung zu beschreiben, etwa ein blökendes Lamm oder die Farbe einer Blume, der diese Dinge nicht kennt. Egal wieviele Worte Sie verwenden, es würde nicht reichen. Wirkungsvoller wäre dagegen, die Person das blökende Lamm hören oder die Farbe einer Blume sehen zu lassen. Erst dann wäre diese Erfahrung vollständig und unwiderlegbar. Es handelte sich um ein psychophysisches ganzheitliches, über eine reine Beschreibung hinausgehendes Ereignis. Eine Unterrichtsstunde bei einem Alexander-Lehrer entspricht dem Hören des Lamms und dem Sehen der Farbe. Sie brauchen die Hände des Lehrers, um Sie in eine unbekannte Welt zu führen und ein neues von alten Gewohnheiten befreites Selbst spüren zu lassen.

Dieses Kapitel zeigt, was Sie von Alexander-Kursen erwarten dürfen und was ein Lehrer mitbringen sollte, wie die Hände des Lehrers eingesetzt werden und wie die Anwendung der Technik Alltagsbewegungen wie Sitzen, Stehen und Gehen unterstützt.

WOZU BRAUCHE ICH EINEN LEHRER?

Vielleicht wundern Sie sich, warum dieses Buch kein Übungsprogramm enthält. Das liegt daran, dass Sie einzigartig sind, anders als jeder andere Mensch auf diesem Planeten. Und als Individuum haben Sie sich im Laufe des Lebens ganz persönliche Gewohnheiten und Bewegungsmuster angeeignet. Diese ähneln vielleicht denen anderer Menschen, Sie sind aber im Großen und Ganzen einzigartig. Wie könnten wir also eine einzige Übungseinheit beschreiben, die nicht nur Ihre Gewohnheiten berücksichtigt, sondern auch die aller anderen Leser?

Es ist möglich, Fertigkeiten wie etwa Golf oder Auto fahren durch ein Buch oder online zu erlernen. Sie dürfen sich dann aber nicht wundern, wenn sich wenig hilfreiche und unnötige Gewohnheiten bilden. Die fehlerhafte Sinneswahrnehmung (Seite 32–33) verhindert, dass wir uns selbst richtig korrigieren, und die Macht der Gewohnheit prägt unproduktive Bewegungsmuster. Dementsprechend wäre das Lernen ohne Lehrer bestenfalls langsam und problematisch, schlimmstenfalls zum Scheitern verurteilt. Alexander beschreibt in der Einleitung von *Der Gebrauch des Selbst*, „Ich brauchte Jahre, um einen Zustand zu erreichen, der mit Hilfe eines erfahrenen Lehrers in einigen Wochen erreicht werden kann." Ein Lehrer berücksichtigt individuelle gewohnheitsmäßige Bewegungsmuster und Muskelspannungen und liefert mit den aufgelegten Händen einen Input.

Hier stellt sich die Frage nach Gruppenkursen. Einführende Workshops bieten sich an, um Sie mit den Ideen der Alexander-Technik vertraut zu machen. Sie geben Ihnen die nötige Informationsgrundlage, um gegebenenfalls Einzelunterricht zu wählen. In der Gruppe haben Sie keine ausreichende Rückmeldung durch die Hand des Lehrers. Alexander lehrte die Technik 60 Jahre nur im Einzelunterricht, nicht weil er Gruppen schwierig fand – er war schließlich Schauspieler –; er erkannte aber die Natur unserer Probleme und schloss daraus, dass Änderung nur auf individueller Ebene möglich ist. Er wollte, dass möglichst viele von der Methode profitieren. Er hätte also sicher Gruppenarbeit oder Vorträge angeboten, hätte er dies für sinnvoll gehalten.

EINEN LEHRER FINDEN

Bei der Suche nach einem Alexander-Lehrer sollten Sie sich nach jemandem umsehen, der eine zertifizierte Ausbildung beendet hat, wenn auch nicht alle einem Verband angehören. Der 1958 gegründete STAT (The Society of Teachers of the Alexander Technique) gehört zu den größten Alexander-Verbänden. Er hat seinen Hauptsitz in Großbritannien, mit weltweiten Töchterverbänden, und kümmert sich z.B. um Qualitätsstandards.

Suchen Sie einen Lehrer in der Nähe der Wohnung oder des Arbeitsplatzes. Sie können sich bei den Verbänden nach Lehrern in Ihrer Umgebung erkundigen (Adressen siehe S. 128). Buchen Sie zunächst Einführungskurse bei zwei bis drei Lehrern. Sie müssen eine gute Kommunikation mit dem Lehrer aufbauen können. Wenn das mit einem nicht geht, müssen Sie einen anderen ausprobieren. Sie würden auch ein Piano nicht beschuldigen, wenn Sie mit einem Klavierlehrer nicht auskommen. Geben Sie die Technik nicht auf, weil Sie Kommunikationsprobleme mit einem Lehrer haben.

Die Ausbildung zum Alexander-Lehrer ist mit einer großen Verpflichtung verbunden. Die Schüler sind oft überrascht darüber, wie lange eine solche Ausbildung dauert. Der erste von Alexander durchgeführte Ausbildungskurs für Alexander-Lehrer startete 1931 in London. Einige dieser qualifizierten Ausbilder begannen in den 1930er Jahren selbst zu unterrichten. Die von ihnen ausgebildeten Menschen gründeten Schulen und verbreiteten damit die Lehre in direkter Linie über die ganze Welt. Heute kann man sich weltweit zum Alexander-Lehrer ausbilden lassen. Die von Alexander vorgegebene Vorlage wird bis heute von den meisten befolgt: mindestens 1600 Stunden Unterricht über drei Jahre. Dazu gehören drei Unterrichtsstunden pro Tag, fünf Tage die Woche und 36 Wochen im Jahr. Aufgrund der Ausbildungszeit und der Ausbildungsgebühren sind die meisten Klassen recht klein. Die geringe Klassengröße von bis zu fünf Auszubildenden ist auch durch den hohen Praxisbezug bedingt. Regelmäßige Überprüfungen sorgen für hohe Qualität. Ihr Lehrer ist also der Lehre und Ihnen als Schüler in höchstem Maß verpflichtet.

DIE HÄNDE DES LEHRERS

Bei Alexander-Lehrern sind Sie in guten Händen. Sie setzen Ihre Hände ein, um etwas über Aufbau, Ausrichtung und die Art, wie Ihr Körper arbeitet, zu erfahren. Sie überprüfen dabei, wo unnötige Spannung oder zu geringer Muskeltonus vorhanden ist. Die Hände des Lehrers sind gleichzeitig Empfänger und Übermittler. Sie ermutigen zu Veränderungen und helfen beim Lösen von Muskelspannung, um eine natürliche Ausrichtung zu erreichen. Sie manipulieren dabei den Körper jedoch nicht, sie führen ihn. Während die Hand des Lehrers zuhört, spricht sie auch auf einer nonverbalen Ebene zum Körper. Der größte Teil der in der Unterichtsstunde erhaltenen Information ist nonverbal. Dies unterscheidet diese Technik auch von den meisten anderen Körperarbeitstechniken, die die Haltung verbessern wollen. Deshalb braucht ein Alexander-Lehrer „gute" Hände: voll Energie und doch weich und offen, in der Lage positive Erfahrungen zu vermitteln. Sie sind sein Werkzeug, zeit- und ortsunabhängig einsetzbar.

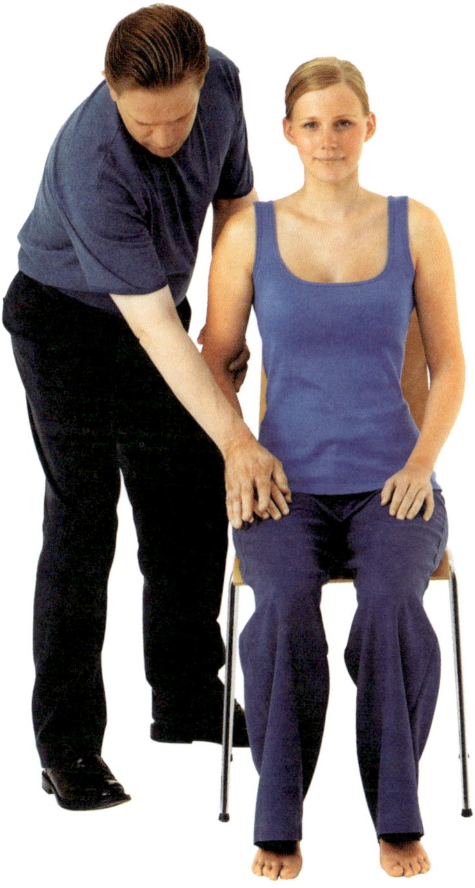

ERWARTUNGEN AN DEN UNTERRICHT

Wenn Sie zur Unterrichtsstunde gehen erwartet Sie dort niemand im weißen Kittel in klinischer Atmosphäre. Auch wenn die Lehrer meist ein fundiertes medizinisches Wissen besitzen, sind sie keine Ärzte. Auch erwartet Sie kein Schulunterricht. Sie nennen sich zwar Lehrer und Sie Schüler, die Ähnlichkeiten zwischen der Alexander-Technik und anderen Arten des formalisierten Unterrichts enden jedoch an dieser Stelle. Überwinden Sie die vorgefasste Meinung über Gesundheitsvorsorge und Unterricht; seien Sie bereit für Neues.

In der Regel dauert eine Alexander-Stunde 30 oder 40 Minuten, je nach Wunsch. Das scheint die optimale Zeitspanne zu sein. Ein längerer Unterricht kann durch Reizüberflutung kontraproduktiv wirken. Tragen Sie normale, bequeme Kleidung, Hosen sind allerdings praktischer als ein Rock. Im Übrigen müssen Sie nur die Schuhe ausziehen. Sie werden in keiner Weise manipuliert. Der erzielte Effekt ist zwar enorm, der Handkontakt durch den Lehrer ist jedoch sanft und einfühlsam.

Die Alexander-Lehrer kombinieren den Kontakt durch die Hand mit verschiedenen Strategien, damit Sie sich ihrer Gewohnheiten bewusst werden. Diese sind ganz verschieden, je nach Lehrer, dessen Erfahrung und Ihren Interessen, es gibt jedoch ein paar Grundübungen, sie sind auf den Seiten 102–119 beschrieben.

Da die Bedürfnisse bei jedem anders sind, kann man nicht genau bestimmen, wieviel Unterricht nötig sein wird. In der Regel genügen 25 bis 30 Stunden über ein halbes Jahr verteilt. Danach beherrschen Sie die Prinzipien der Technik und können Sie für sich anwenden. Manche Menschen spüren schon nach wenigen Stunden wesentliche Änderungen. In der Regel empfehle ich den Schülern anfänglich zwei Stunden pro Woche, danach genügt ein Unterrichtstermin pro Woche. Am besten nehmen Sie erst eine Probestunde und besprechen mit dem Lehrer, was für Sie in Frage kommt.

Bedenken Sie, dass der Alexander-Lehrer keinen Arzt ersetzt (trotz medizinischer Kenntnisse) und keine Diagnose stellen darf. Suchen Sie bei gesundheitlichen Beschwerden auf jeden Fall zusätzlich einen Arzt auf.

EINE BEISPIELSTUNDE

In jedem Alexander-Übungsraum befinden sich zwei Dinge: Tisch und Stuhl. Der Tisch sieht ungewöhnlich aus, der Stuhl meist normal. „Stuhlübung" und „Tischübung" sind Kernstücke vieler Alexander-Stunden. Die Lagerung auf Tisch oder Boden wird auf Seite 116–119 beschrieben. Bei der Stuhlübung werden Sie vom Lehrer gebeten, sich zu setzen und wieder aufzustehen. Mit Hilfe des Lehrers werden sie sich der gewohnheitsmäßigen starken Anspannung bewusst, die Sie rund ums Sitzen und Stehen entwickelt haben (sie spiegelt sich in allen Alltagsbewegungen wider). Das Erkennen der Muster erlaubt Ihnen, den „Gebrauch" des Selbst bewusst zu steuern. Der Rückgriff auf alte Gewohnheiten, Muskeln zu verspannen, entfällt. Trotz der Einfachheit handelt es sich um mehr als eine Bewegungsübung zum Stärken der Rückenmuskeln, es ist die Basis für weitere Fähigkeiten, übertragbar auf andere, komplexere Handlungen. Die weiteren Erfahrungen mit Ihrem Lehrer werden je nach Ihren Interessen variieren.

DAS SITZEN ERFORSCHEN

Ein Alexander-Lehrer übt das Sitzen so lange mit Ihnen, bis sich die tief sitzenden angewöhnten Muskelspannungen lösen. Ein Versuch: Setzen Sie sich auf einen Stuhl, Füße flach auf dem Boden. Spüren Sie die beiden Sitzknochen Ihres Beckens gegen den Sitz. Sie sollen Ihr Gewicht tragen. Ihr Becken ist locker aufgerichtet; widerstehen Sie dem Impuls zurück- bzw. einzusinken (dies passiert, wenn der untere Rückenbereich eine Haltungsschwäche aufweist). Legen Sie zwei gleichhohe Telefonbücher unter die hinteren Stuhlbeine, falls Sie in sich zusammensinken, dann neigt sich der Sitz leicht und ermöglicht dem Becken, aufrecht zu bleiben. Stellen Sie sich vor, Ihr Gewicht fiele durch die Sitzknochen auf den Stuhl, wie bei einer Sanduhr. Je mehr Gewicht nach unten sinkt, desto weniger müssen Sie mit Muskelkraft halten. Bringen Sie die Rückenmuskeln bewusst dazu, Spannung zu lösen und sich zu öffnen. Stellen Sie sich vor, wie sich Ihr Kopf bewusst vom Stuhl nach oben bewegt, während Ihr Gewicht gleichzeitig nach unten fällt.

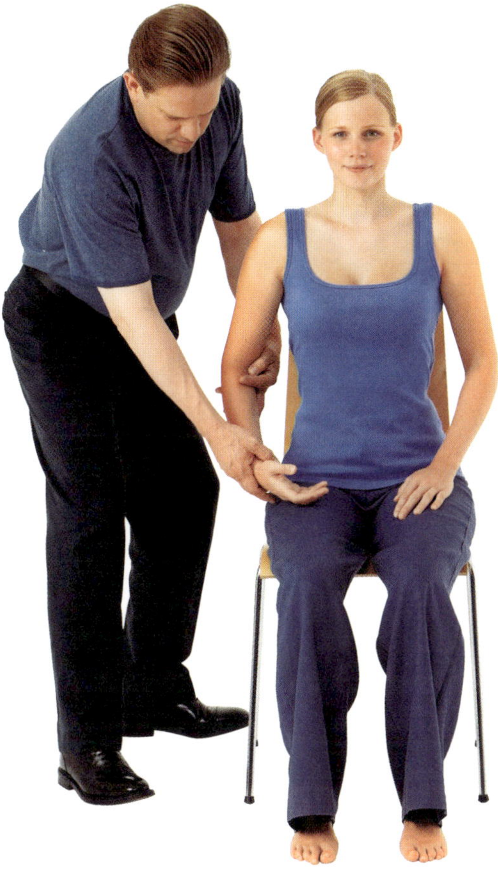

DAS STEHEN ERFORSCHEN

Die Übungen im Stand werden Ihnen vom Alexander-Lehrer durch Berührung und Erklärung vermittelt. Das Bewusstmachen einer solchen Alltagsbewegung hilft uns sehr, Frust zu bewältigen und Unwohlsein zu lindern.

Stehen Sie hüftbreit, Zehen leicht nach außen. Setzen Sie einen Fuß etwas weiter nach vorn (wechseln Sie die Position, wenn Sie längere Zeit stehen). Stellen Sie sich vor, der Boden unter Ihren Füßen hebe sich. Dabei heben auch Sie sich, während Ihre Füße am Boden haften. Nun stellen Sie sich vor, wie Ihr Scheitel sich von den Fußsohlen weg hebt. Durch diese Vorstellung strecken sich die großen Muskeln, die Gelenke werden entlastet. Ihr Gewicht fällt durch den gesamten Körper nach unten, bis es schließlich den Boden unter den Füßen erreicht. Versuchen Sie, das Gewicht nicht vom Boden zu nehmen, wenn Sie auf einer Oberfläche stehen, die sich bewegt (Zug, Bus), da dies kopflastig und instabil macht. Bringen Sie Ihr Gewicht statt dessen nach unten, stemmen Sie sich nicht gegen die Bodenbewegung.

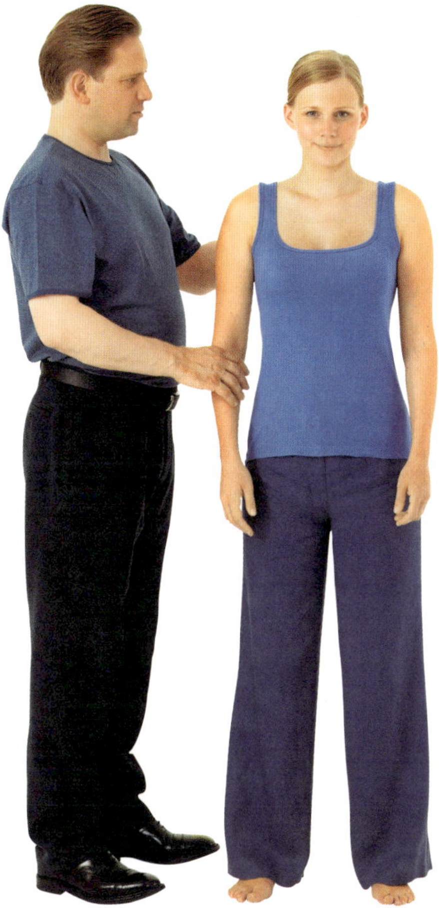

DAS GEHEN ERFORSCHEN

Gleicht Ihr Gang schwerelosem Gleiten? Ermöglichen Ihnen Schritt und Rhythmus, dabei Ihre Umgebung wahrzunehmen? Oder fühlt sich die Bewegung unbeholfen, schwer und mühsam an? Ein Alexander-Lehrer begleitet Sie bei dem Prozess, der Ihnen zu einem mühelosen, aufrechten Gang verhilft. Erforschen Sie dies anhand eines Spazierganges. Beachten Sie dabei folgende Ratschläge. Der Blick ist nicht nach unten gerichtet, sondern auf etwas in 15 Meter Entfernung. Ihr Blick sollte nicht starr sein, die Augen blicken weich; „denken" Sie sich Ihren Kopf nun vorn. Stellen Sie sich den Gang eines Elefanten vor: Das Gewicht lassen Sie beim Vorwärtsgehen hinter sich. Bleiben Sie mit dem hinteren Fuß fest auf dem Boden, bevor Sie das Gewicht für den nächsten Schritt verlagern, um nicht zu stolpern. Spielen Sie mit dem Gedanken, Dinge kämen auf Sie zu, bevor Sie hingehen, wie bei einem Laufband. Ein Alexander-Lehrer wird Ihnen weitere Bewegungsbilder, die ein müheloses Vorwärtsbewegen erlauben, aufzeigen.

BEUGEN UND HEBEN ERFORSCHEN

Viele knicken in der Taille ein, wenn sie etwas aufheben, am Boden arbeiten, oder sich in die Hocke begeben. Doch die Wirbelsäule hat hier wenig Halt. Wenn wir uns so verhalten, können Gleitwirbel entstehen und im Alter kann sich ein fixierter Rundrücken bilden. Damit der Rücken unversehrt bleibt, lernen Sie beim Alexander-Lehrer, wie Sie sich beim Bücken Ihrer Gelenke bedienen: der Knöchel, Knie und Hüften. Probieren Sie folgende Übung: Auf dem Boden, zwischen den beiden großen Zehen, liegt ein Fußball, eine Schuhschachtel oder etwas ähnlich großes und schweres. Hüfte und Knie sind gebeugt, während Sie Kopf, Nacken und Rücken aufrichten, bis der Körper die Form eines Z bildet. Beugen Sie sich tief genug, um den Gegenstand in die Hände nehmen zu können, ohne sich danach zu strecken. Stellen Sie sich vor, der Gegenstand wäre durch die Arme mit dem Rücken verbunden. Mit dieser Vorstellung wird die Last auf den ganzen Körper verteilt. Stehen Sie auf, lassen Sie den Gegenstand ganz natürlich mitkommen.

WEITERE AKTIVITÄTEN GENIESSEN

Das Leben besteht nicht aus Unterricht. Es ist Bewegung: Gehen, Sprechen, Schwimmen, Rad fahren, Reiten und vieles mehr. Sobald Sie sich ein Grundwissen der Alexander-Technik angeeignet haben, können Sie die Fertigkeiten auf Ihre Freizeitaktivitäten übertragen. Viele Alexander-Lehrer oder -Lehrerinnen sind auch in anderen Bereichen bewandert und ihr Unterricht wird dadurch beeinflusst und bereichert. Vielleicht finden Sie einen, der Ihr Hobby teilt. Ich war vorher Schauspieler, deswegen arbeite ich regelmäßig mit Schauspielschülern und Schauspielern und lasse das Wissen aus beiden Bereichen in die Arbeit einfließen. Ich liebe auch das Radfahren und arbeite mit den Radsportlern. Ich helfe ihnen, das Beste zu geben, mit und ohne Rad. Unter den Lehrern gibt es Musiker, Schwimmtrainer und Reitlehrer. Sie haben Methoden entwickelt, in diesen verschiedenen Bereichen das Beste herauszuholen. Viele geben spezielle Workshops oder Ferienkurse: Es gibt in allen Bereichen Kurse, die sich an Alexander orientieren, vom Ski fahren bis zum Standardtanz. Durch den Aufenthalt an einem anderen Ort kann man manchmal neue Interessen besser entdecken. Dabei ist es sinnvoll, wenn Sie davor schon Erfahrungen in der Alexander-Technik gewinnen konnten.

Innerhalb der Alexander-Technik erforschen Sie sämtliche Alltagsbeschäftigungen – Lesen, Schreiben, Treppensteigen, Hausarbeit oder Gartenarbeit – durch die dank der Aneignung der Grundlagen der Technik gewonnenen Sichtweisen. Es ist jedoch nicht das Wichtigste, diese Bewegungen „korrekt" auszuführen, sondern Bewegungsabläufe zu finden, die das zentrale „Zusammenwirken" nicht stören. So kann auch eine normale Bewegung nützlich sein, statt zu schaden. Jeder gute Lehrer kann Ihnen dies beibringen; dabei muss er nicht Ihre Interessen teilen. Die gemeinsam erforschten Tätigkeiten sind nur ein Mittel, um Sie anzuregen, und verhindern gewohnte, meist zu heftige Reaktionen auf Reize. Statt zu lernen, wie man etwas richtig macht, lernen Sie Gedanken- und Bewegungsabläufe, die besser an verschiedenste Alltagsreize angepasst sind.

Veränderung beinhaltet das Ausüben einer Aktivität
gegen die Gewohnheit des Lebens.

F.M. ALEXANDER

(1869–1955)

Das Universum ist Veränderung;
unser Leben ist, was unsere Gedanken daraus machen.

MARCUS AURELIUS

(121–180 n.Chr.)

ENTSPANNUNG ERFORSCHEN

In der Alexander-Technik wird Ihnen durch bewusste Anleitung der Weg aufgezeigt, wie Sie Ihr Selbst bei Tätigkeiten gebrauchen. Gerade diese Aktivitäten haben oft Spannungen verursacht, die Sie auflösen wollen. Außerhalb der Übungsstunden können sich alte Gewohnheiten wieder einschleichen. Es gibt jedoch ein Mittel dies zu verhindern: die „halb ausgestreckte Rückenlage" – flach auf dem Rücken, Knie angezogen. Sie hilft Ihnen, unnötige Muskelspannung abzubauen. Die Mehrheit der Übungen findet in der „halb ausgestreckten Rückenlage" statt und dauert, je nach Situation, einige Minuten oder länger. Sie liegen auf dem Tisch (Massageliege), während der Lehrer die Muskeln mithilfe seiner Hände dazu bringt, sich zu lockern. Dies ermöglicht eine natürliche Ausrichtung. Viele finden dies sehr entspannend.

Die Übungen auf Seite 118–119 können Sie täglich durchführen – mit spürbarem Erfolg. Natürlich ist die Übung in Kombination mit den „Anweisungen" durch den Lehrer noch effektiver (Seite 34–35).

Die „halb ausgestreckte Rückenlage"

1 Legen Sie sich mit dem Rücken auf eine bequeme Unterlage – Decke oder Übungsmatte sind hierfür ideal. Die Füße sind auf einer Linie mit den Schultern, die Knie sind angezogen und zeigen Richtung Decke. Legen Sie die Hände auf den Bauch oder auf die unteren Rippen, die Ellbogen berühren dabei den Boden.

2 Legen Sie ein Yoga-Kissen oder einen Bücherstapel als Stütze unter den Kopf. Die genaue Höhe sollte ein Lehrer bestimmen. Der Kopf ist leicht angehoben, das Kinn ist etwas tiefer als die Stirn. Legen Sie den Hinterkopf auf das Kissen oder die Bücher; der Nacken bleibt frei.

3 Nehmen Sie Ihre Umgebung wahr. Was hören oder sehen Sie? Wenden Sie nun die Aufmerksamkeit auf sich selbst, ohne in der Wahrnehmung nachzulassen. Achten Sie auf Empfindungen wie Wärme, Kälte, Ziehen oder Stechen. Vertiefen Sie sich in diese Empfindungen.

4 Wenden Sie sich Ihrem Nacken zu, während Sie dies weiter beobachten. Erlauben Sie den Muskeln, sich zu lockern. Lassen Sie sich Zeit; tun Sie dabei nichts.

5 Diese Anweisungen erteilen Sie jetzt auch den Muskeln entlang Ihres Rückens. Der Boden, auf dem Sie liegen, hilft Ihrem Rücken, sich in alle Richtungen zu weiten. Spüren Sie, wie sich dieses Gefühl aus der Mitte heraus weiter in Arme und Beine fortsetzt. Wiederholen Sie den Denkprozess, falls Ihre Gedanken abschweifen.

6 Bleiben Sie 15-20 Minuten in dieser Position. Beim Aufstehen rollen Sie sich bis in den Vierfüßler, strecken sich und kommen dann in den Fersensitz . Ihr Kopf hebt sich in Gedanken und führt Sie in den Stand zurück.

WIE DER UNTERRICHT SIE BEREICHERT

Ihre Erfahrungen im Unterricht werden sich im Großen und Ganzen von denen anderer unterscheiden, weil Sie ein Individuum sind. Dennoch berichten die Teilnehmer von ähnlichen Reaktionen während und nach den Stunden. Auch mir ging es als Schüler so. Die ersten Stunden waren geheimnisvoll. Es schien so, als tue der Lehrer nichts, trotzdem fühlte ich mich nach jeder Stunde größer – höher und weiter – und leichter. Ging ich die Straße entlang, schwebte ich förmlich, als ob ein anderer die Bewegung lenken würde. An der Straßenecke gab es einen Briefkasten. Eines Tages, nach dem Unterricht, leuchtete er farbenfroh, aber ich wusste, dass er nicht neu gestrichen war, es war der gleiche alte Kasten wie immer. Desweiteren bemerkte ich Probleme im Rücken; keine Schmerzen, eher Ermüdung. Ich hatte nie Rückenschmerzen. Die Reaktionen rührten daher, dass die überarbeiteten Muskeln nun ruhten, während die unterforderten aktiviert wurden. Ich war oft überrascht wie „falsch" manche Bewegung sich im Unterricht anfühlte. Ich dachte, ich würde mich zu weit nach hinten lehnen. Ich blickte in den Spiegel und war erstaunt über meine perfekte aufrechte Haltung. Ich hatte die Angewohnheit, mich nach vorn zu lehnen. Aufrecht hatte ich das Gefühl, nach hinten zu fallen, Ergebnis meiner fehlerhaften Wahrnehmung (Seite 32–33).

Am meisten überraschte mich die psychologische Veränderung. Mein Selbstvertrauen wuchs, ich konnte meinen Gefühlen freier und natürlicher Ausdruck verleihen. Auch die Wahrnehmung war intensiver. Ich erinnere mich, wie mein Lehrer mit mir übte und ich eine Vorstellung davon erhielt, wie mein Rücken in der Bewegung eine Einheit bildete. Ich hatte nie zuvor meinen Rücken „erfahren". Ich ging ins Fitnesscenter und hatte große überentwickelte Muskeln. Diese wurden nun geschmeidiger und kleiner, jedoch kräftiger und straffer. Langjährige Gesundheitsprobleme – Asthma, Heuschnupfen und Nahrungsmittelunverträglichkeiten – verschwanden langsam. Ich fühlte mich wohler und vitaler. Ihre Erfahrungen werden anders sein, aber sicher genauso ungewöhnlich, erfreulich und lohnend.

DIE ZUKUNFT DER ALEXANDER-TECHNIK

In der Alexander-Technik geht es darum, in die Zukunft zu investieren, indem wir uns um die Gegenwart kümmern. Wenn Sie die Prinzipien der Technik lernen und anwenden, können Sie zukünftigen Problemen vorbeugen (und bereits existierende auflösen). Je eher wir folglich im Leben lernen, unser Selbst gut zu gebrauchen, desto größer ist die Chance, Problemen vorzubeugen, die wir mit Heranwachsen und Älterwerden verbinden.

Nach Alexander lag die Zukunft seiner Methode in der Arbeit mit Kindern und in der Bildung. Die Technik ist sicher eng mit höherer Bildung verknüpft, etwa in Schauspielschulen und auf Musikhochschulen. Sie wird oft auch als alternative Therapie betrachtet, obwohl sie eher eine Art Bildungssystem darstellt. Sie berührt viele Bereiche – Gesundheit, Psychologie, Entwicklung, Lernen –, ist aber im Kern ein einzigartiger Weg, Verantwortung für die eigene Zukunft zu übernehmen (nicht nur für die Gesundheit). Stecken Sie sie in keine Schublade, bleiben Sie offen. Sie werden es nicht bereuen.

Man muss lernen, inmitten der Aktivität ruhig zu sein
und beim Ruhen strahlend lebendig zu sein.

INDIRA GANDHI

(1917–1984)

Konzentriere dich auf die Stille, richte deine
Aufmerksamkeit nach innen und widme deinen Geist
deinem Selbst.
Hierin liegt die Weisheit, die du suchst.

BHAGAVAD GITA

(um. 50–500 v. Chr.)

REGISTER

Bildnachweis und Danksagung

Bildnachweis
Der Verlag dankt den folgenden Organisationen und Fotoarchiven für die Erlaubnis, Bilder zu reproduzieren. Wenngleich alles versucht wurde, um die Inhaber von Urheberrechten ausfindig zu machen, so bitten wir doch um Nachsicht, falls wir etwas übersehen haben sollten. Gerne nehmen wir jedoch in zukünftigen Auflagen die notwendigen Änderungen auf.

Seite 2 Water Everywhere/Eyewire, **13** Earthforms/Digital Vision, **14** Fotografie von F.M. Alexander © 2005, The Society of Teachers of the Alexander Technique, London, UK, **19** Ann Cutting/Botanica/Photolibrary.com, **20** Natural Beauty EP018/Photodisc/Getty Images, **25** Hugh Sitton/Photographer's Choice/Getty Images, **26** Henry Steadman/Photolibrary.com, **29** Alexander Marius/Taxi/Getty Images, **37** Photos.com, **44** Zia Soleil/Iconica/Getty Images, **47** Peter Lewis/Alamy, **54** Natural Beauty EP018/Photodisc/Getty Images, **57** John Freeman/Stone/Getty Images, **58** Frans Lemmens/Photographer's Choice/Getty Images, **61** David Paterson/Stone/Getty Images, **70** Angela Scott/Taxi/Getty Images, **73** John Gardey/Robert Harding World Imagery, London, **74** Hans Neleman/Photonica/Getty Images, **79** Stuart McClymont/Stone/Getty Images, **82** Mario Ponta/Alamy, **85** Jane Yeomans/Photonica/Getty Images, **86** Dana Edmunds/Pacific Stock/Photolibrary.com, **89** Natural Beauty EP018/Photodisc/Getty Images, **90** Art Wolfe/Imagebank/Getty Images, **114** Jacob Stock Photography/Photographer's Choice/Getty Images, **117** John Churchman Veer/Photonica/Getty Images, **123** Ross M. Horowitz/Iconica/Getty Images, **124** Peter Gridley/Taxi/Getty Images.

Textnachweis
Zitate von F.M. Alexander, © The Estate of F.M. Alexander, zur Verfügung gestellt von Mouritz Ltd., London.

Quellen
Informationen zu STAT-zertifizierten Alexander-Lehrern in Großbritannien:
www.stat.org.uk oder Tel. 0845 230 7828
Informationen zu STAT-zertifizierten Lehrern in Deutschland:
www.alexandertechnik.org
Informationen zu STAT-Partnern weltweit:
www.alexandertechniqueworldwide.com

Dank des Autors
Ich danke allen meinen Kollegen und Schülern, insbesondere Walter und Dilys Carrington und Suzi Morris.

Dank des Verlags
Der Verlag dankt:
Model: Kate Mahoney
Make-up: Gilly Popham